Impressum
Verlag: BABADADA GmbH, Nedderfeld 112 , 22529 Hamburg
Geschäftsführer / Verlagsleitung: Harald Hof
Druck: Books on Demand GmbH, In de Tarpen 42, 22848 Norderstedt

Imprint
Publisher: BABADADA GmbH, Nedderfeld 112 , 22529 Hamburg, Germany
Managing Director / Publishing direction: Harald Hof
Print: Books on Demand GmbH, In de Tarpen 42, 22848 Norderstedt

die Schule
l'école

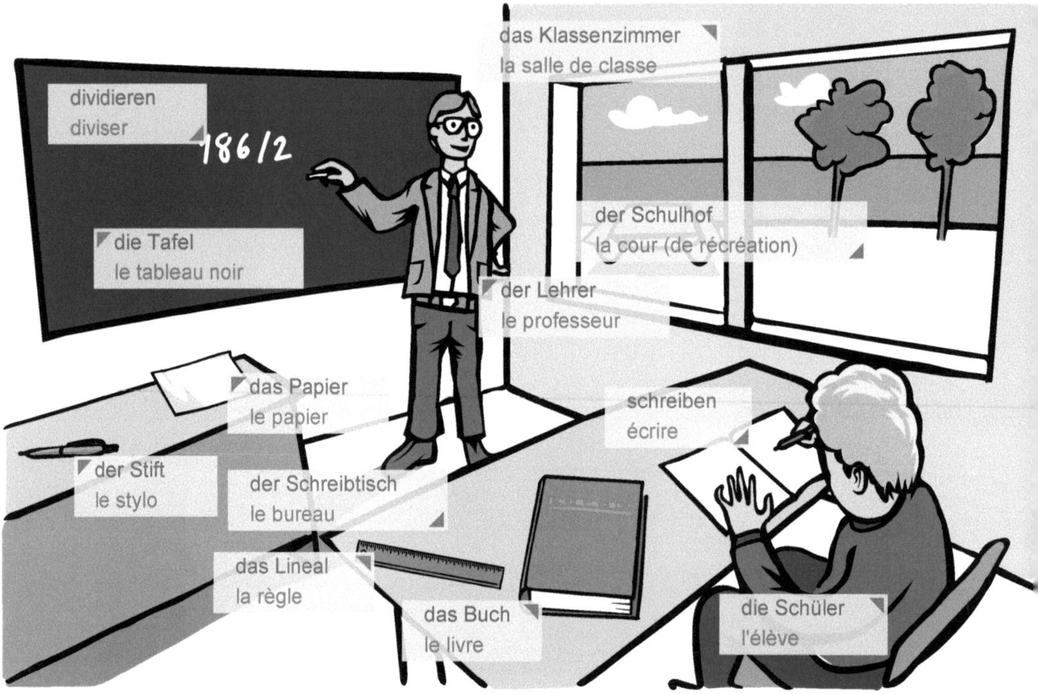
das Klassenzimmer
la salle de classe
dividieren
diviser
186/2
die Tafel
le tableau noir
der Schulhof
la cour (de récréation)
der Lehrer
le professeur
das Papier
le papier
schreiben
écrire
der Stift
le stylo
der Schreibtisch
le bureau
das Lineal
la règle
das Buch
le livre
die Schüler
l'élève

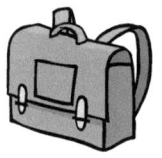

die Schultasche

le cartable

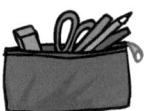

die Federmappe

la trousse

der Bleistift

le crayon

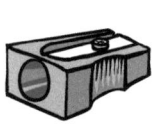

der Bleistiftspitzer

le taille-crayon

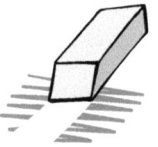

der Radierer

la gomme

der Zeichenblock

le carnet à dessin

die Zeichnung

le dessin

der Pinsel

le pinceau

der Malkasten

la boîte de peinture

die Schere

les ciseaux

der Klebstoff

la colle

das Übungsheft

le cahier d'exercices

die Hausübung

les devoirs

die Zahl

le chiffre

2+2

addieren

additionner

subtrahieren

soustraire

multiplizieren

multiplier

rechnen

calculer

der Buchstabe

la lettre

das Alphabet

l'alphabet

das Wort

le mot

der Text

le texte

lesen

lire

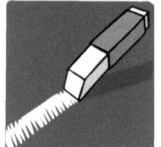

die Kreide

la craie

die Unterrichtsstunde

la leçon

das Klassenbuch

le livre de classe

die Prüfung

l'examen

das Zeugnis

le certificat

die Schuluniform

l'uniforme scolaire

die Ausbildung

la formation

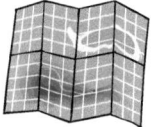

das Lexikon

le lexique

die Universität

l'université

das Mikroskop

le microscope

die Karte

la carte

der Papierkorb

la corbeille à papier

die Schule - l'école

die Reise
le voyage

das Hotel
l'hôtel
Grand
die Jugendherberge
l'auberge
die Wechselstube
le bureau de change
der Koffer
la valise
das Auto
la voiture

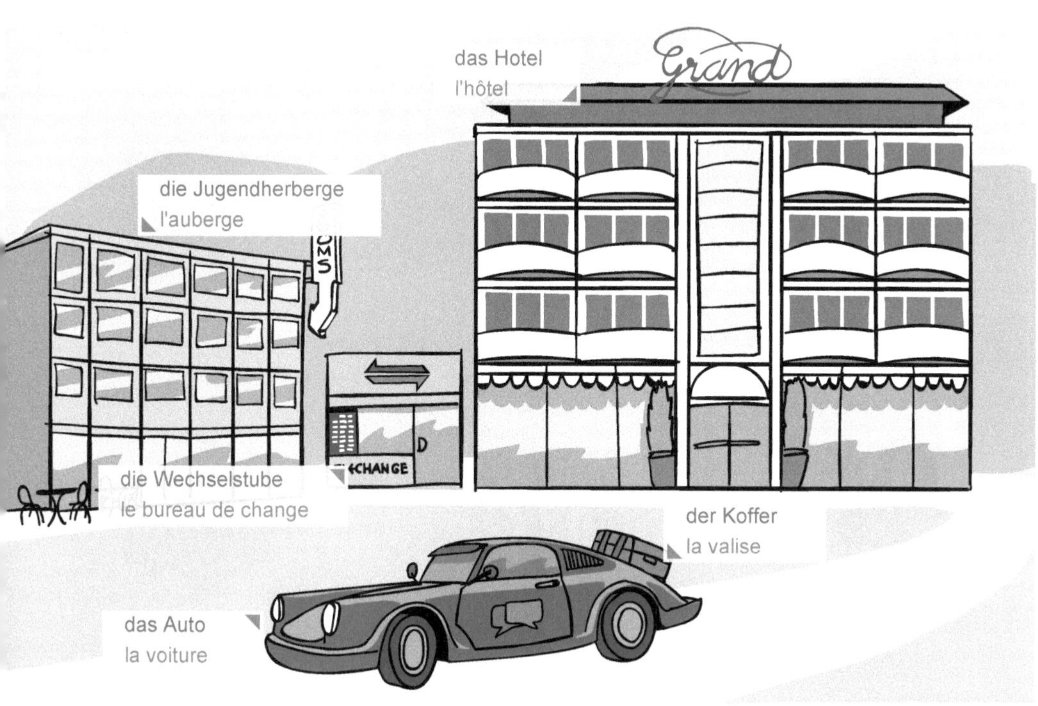

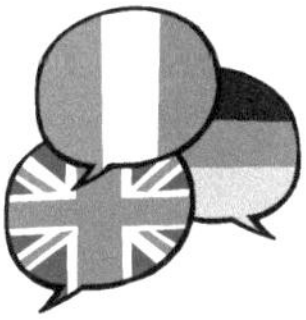

die Sprache

la langue

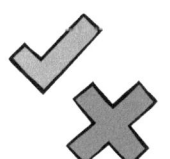

ja / nein

oui / non

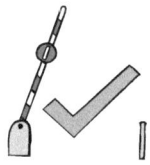

Okay

d'accord

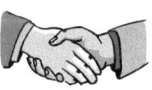

Hallo

Salut

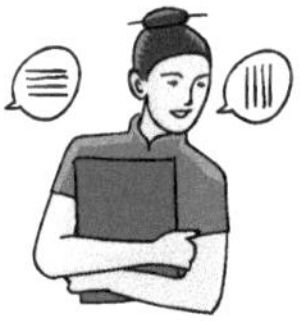

die Dolmetscherin

l'interprète

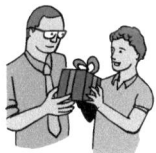

Danke

merci

Wie viel kostet …?

Combien coûte…?

Ich verstehe nicht.

Je ne comprends pas

das Problem

le problème

Guten Abend!

Bonsoir !

Guten Morgen!

Bonjour !

Gute Nacht!

Bonne nuit !

Auf Wiederschaun!

Au revoir

die Richtung

la direction

das Gepäck

les bagages

die Tasche

le sac

der Rucksack

le sac-à-dos

der Gast

l'hôte

das Zimmer

la pièce

der Schlafsack

le sac de couchage

das Zelt

la tente

die Touristeninformation

l'office de tourisme

der Strand

la plage

die Kreditkarte

la carte de crédit

das Frühstück

le petit-déjeuner

das Mittagessen

le déjeuner

das Abendessen

le dîner

die Fahrkarte

le billet

der Lift

l'ascenseur

die Briefmarke

le timbre

die Grenze

la frontière

der Zoll

la douane

die Botschaft

l'ambassade

das Visum

le visa

der Pass

le passeport

die Reise - le voyage

der Transport
le transport

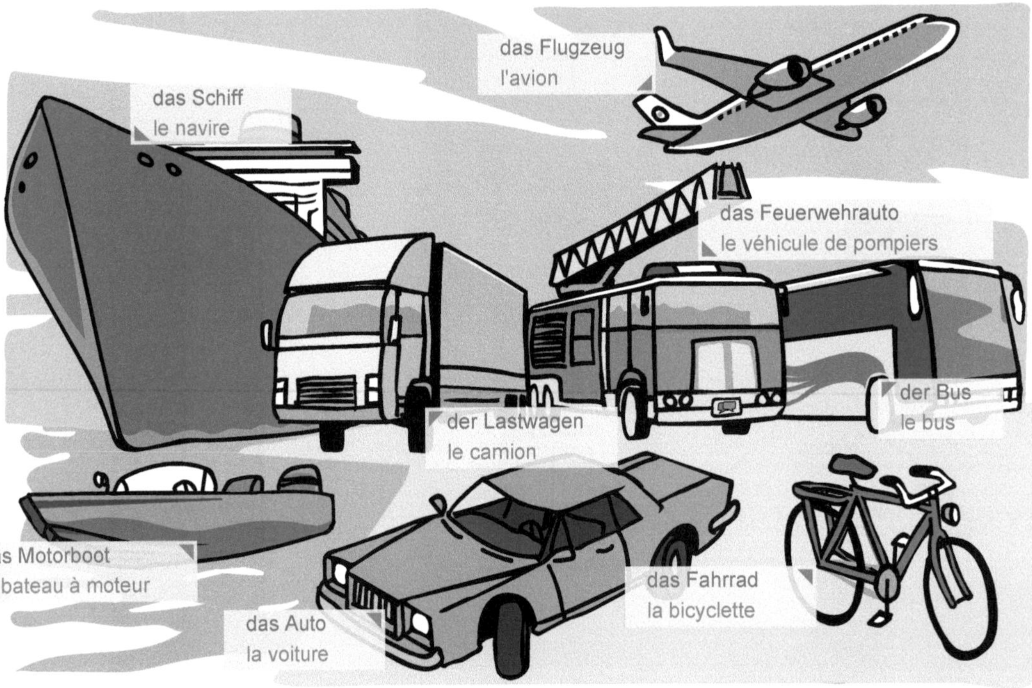
das Flugzeug
l'avion
das Schiff
le navire
das Feuerwehrauto
le véhicule de pompiers
der Bus
le bus
der Lastwagen
le camion
s Motorboot
bateau à moteur
das Fahrrad
la bicyclette
das Auto
la voiture

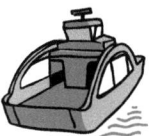

die Fähre

le ferry

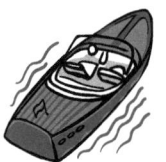

das Boot

la barque

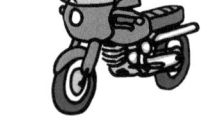

das Motorrad

la moto

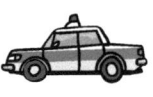

das Polizeiauto

la voiture de police

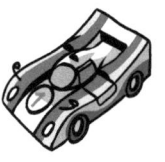

das Rennauto

la voiture de course

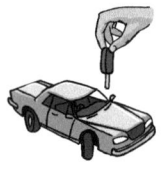

der Mietwagen

la voiture de location

das Carsharing

l'auto-partage

der Abschleppwagen

la voiture de remorquage

der Müllwagen

la benne à ordures

der Motor

le moteur

der Kraftstoff

l'essence

die Tankstelle

la station d'essence

das Verkehrsschild

le panneau indicateur

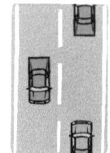

der Verkehr

le trafic

der Stau

l'embouteillage

der Parkplatz

le parking

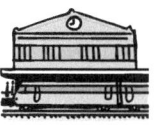

der Bahnhof

la gare

die Schienen

les rails

der Zug

le train

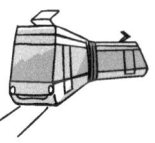

die Straßenbahn

le tramway

der Wagon

le wagon

der Hubschrauber

l'hélicoptère

der Flughafen

l'aéroport

der Tower

la tour

der Passagier

le passager

der Container

le conteneur

der Karton

le carton

der Rollwagen

le chariot

der Korb

la corbeille

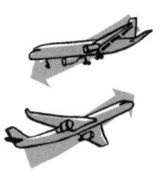

starten / landen

décoller / atterrir

die Stadt

la ville

das Dorf

le village

das Stadtzentrum

le centre-ville

das Haus

la maison

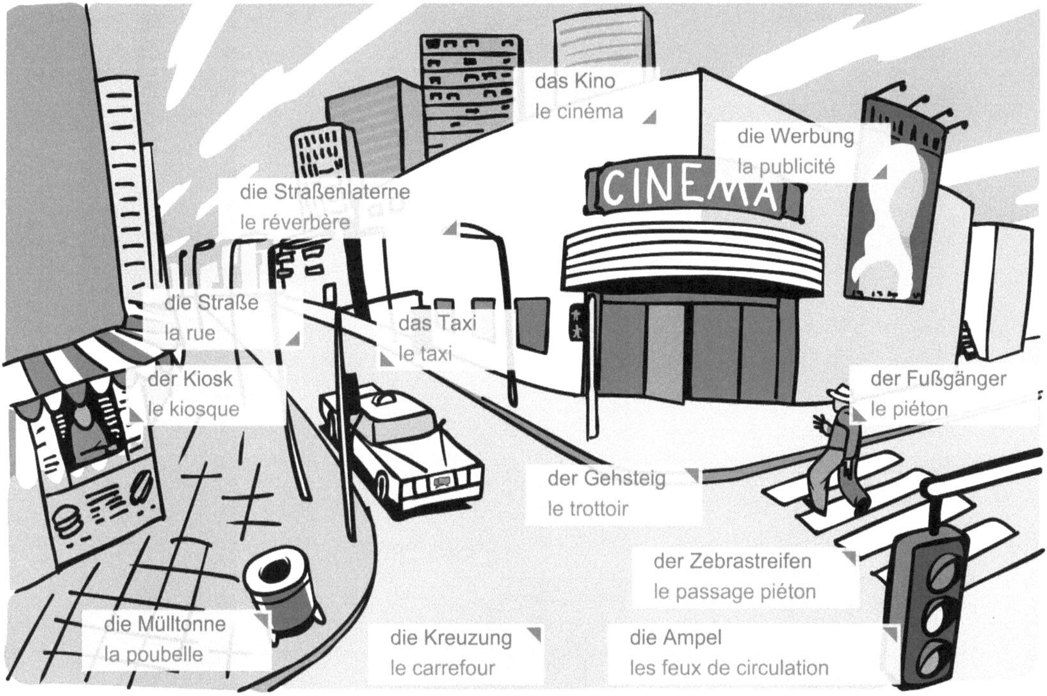
das Kino
le cinéma
die Werbung
la publicité
CINEMA
die Straßenlaterne
le réverbère
die Straße
la rue
das Taxi
le taxi
der Kiosk
le kiosque
der Fußgänger
le piéton
der Gehsteig
le trottoir
der Zebrastreifen
le passage piéton
die Mülltonne
la poubelle
die Kreuzung
le carrefour
die Ampel
les feux de circulation

die Hütte
la cabane

die Wohnung
l'appartement

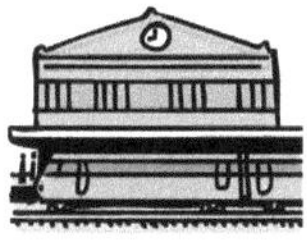

der Bahnhof
la gare

das Rathaus
la mairie

MUSEUM

das Museum
le musée

die Schule
l'école

die Universität

l'université

die Bank

la banque

das Spital

l'hôpital

das Hotel

l'hôtel

die Apotheke

la pharmacie

das Büro

le bureau

die Buchhandlung

la librairie

das Geschäft

le magasin

der Blumenladen

le fleuriste

der Supermarkt

le supermarché

der Markt

le marché

das Kaufhaus

le grand magasin

der Fischhändler

la poissonnerie

das Einkaufszentrum

le centre commercial

der Hafen

le port

der Park

le parc

die Bank

la banque

die Brücke

le pont

die Stiege

les escaliers

die U-Bahn

le métro

der Tunnel

le tunnel

die Bushaltestelle

l'arrêt de bus

die Bar

le bar

das Restaurant

le restaurant

der Briefkasten

la boîte à lettres

das Straßenschild

le panneau indicateur

die Parkuhr

le parcmètre

der Zoo

le zoo

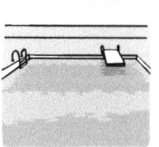

die Badeanstalt

le réverbère

die Moschee

la mosquée

der Bauernhof

la ferme

die Umweltverschmutzung

la pollution

der Friedhof

la cimetière

die Kirche

l'église

der Spielplatz

l'aire de jeux

der Tempel

le temple

die Landschaft
le paysage

das Blatt
la feuille

der Wegweiser
le panneau indicateur

der Weg
le chemin

die Wiese
le pré

der Stein
la pierre

der Baum
l'arbre

der Wanderer
le randonneur

der Fluss
la rivière

das Gras
l'herbe

die Blume
la fleur

das Tal

la vallée

der Hügel

la montagne

der See

le lac

der Wald

la forêt

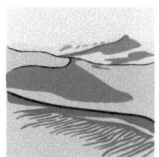

die Wüste

le désert

der Vulkan

le volcan

das Schloss

le château

der Regenbogen

l'arc-en-ciel

der Pilz

le champignon

die Palme

le palmier

der Moskito

le moustique

die Fliege

la mouche

die Ameise

les fourmis

die Biene

l'abeille

die Spinne

l'araignée

der Käfer

le coléoptère

der Frosch

la grenouille

das Eichhörnchen

l'écureuil

der Igel

le hérisson

der Hase

le lièvre

die Eule

la chouette

die Vogel

l'oiseau

der Schwan

le cygne

das Wildschwein

le sanglier

der Hirsch

le cerf

der Elch

l'élan

der Staudamm

le barrage

das Windrad

l'éolienne

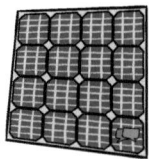

das Solarmodul

le panneau solaire

das Klima

le climat

das Restaurant
le restaurant

der Kellner
le serveur
die Speisekarte
le menu
der Sessel
la chaise
die Suppe
la soupe
die Pizza
la pizza
das Besteck
les couverts
die Tischdecke
la nappe

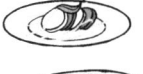

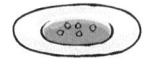

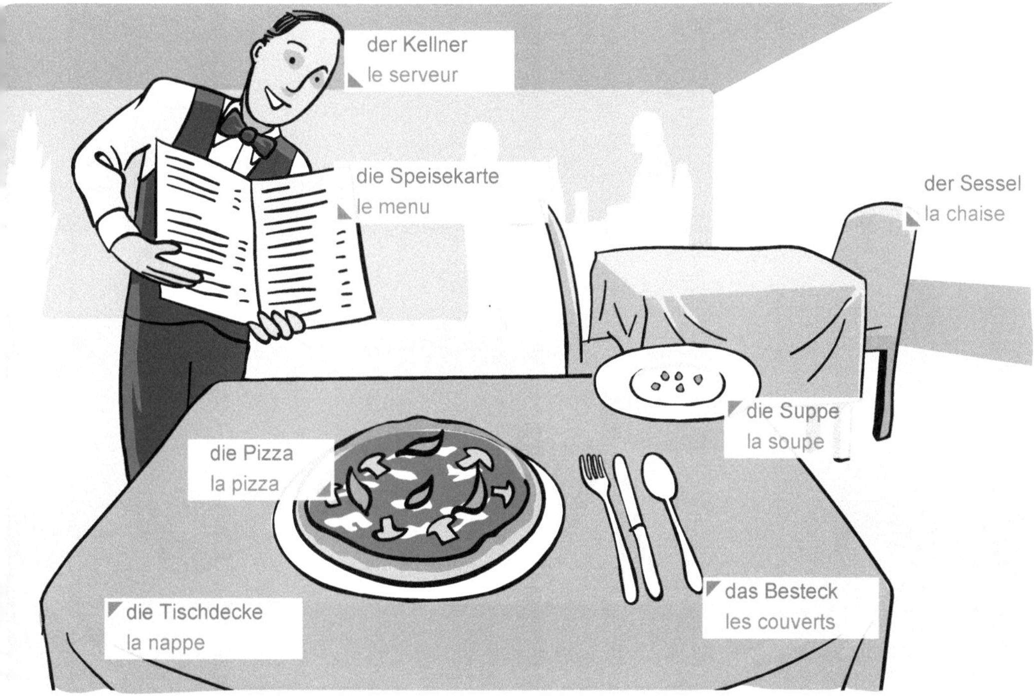

die Vorspeise
les hors d'œuvre

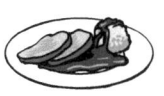

das Hauptgericht
le plat principal

die Nachspeise
le dessert

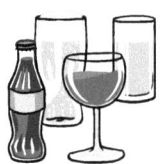

die Getränke
les boissons

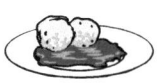

das Essen
l'alimentation

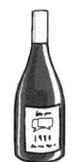

die Flasche
la bouteille

das Fastfood

le fast-food

das Streetfood

les plats à emporter

die Teekanne

la théière

die Zuckerdose

le sucrier

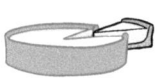

die Portion

la portion

die Espressomaschine

la machine à expresso

der Kinderstuhl

la chaise haute

die Rechnung

la facture

das Tablett

le plateau

das Messer

le couteau

die Gabel

la fourchette

der Löffel

la cuillère

der Teelöffel

la cuillère à thé

die Serviette

la serviette

das Glas

le verre

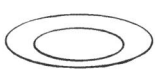

der Teller
l'assiette

der Suppenteller
l'assiette à soupe

die Untertasse
la soucoupe

die Sauce
la sauce

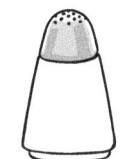

der Salzstreuer
la salière

die Pfeffermühle
le moulin à poivre

der Essig
le vinaigre

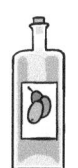

das Öl
l'huile

die Gewürze
les épices

das Ketchup
le ketchup

der Senf
la moutarde

die Mayonnaise
la mayonnaise

der Supermarkt
le supermarché

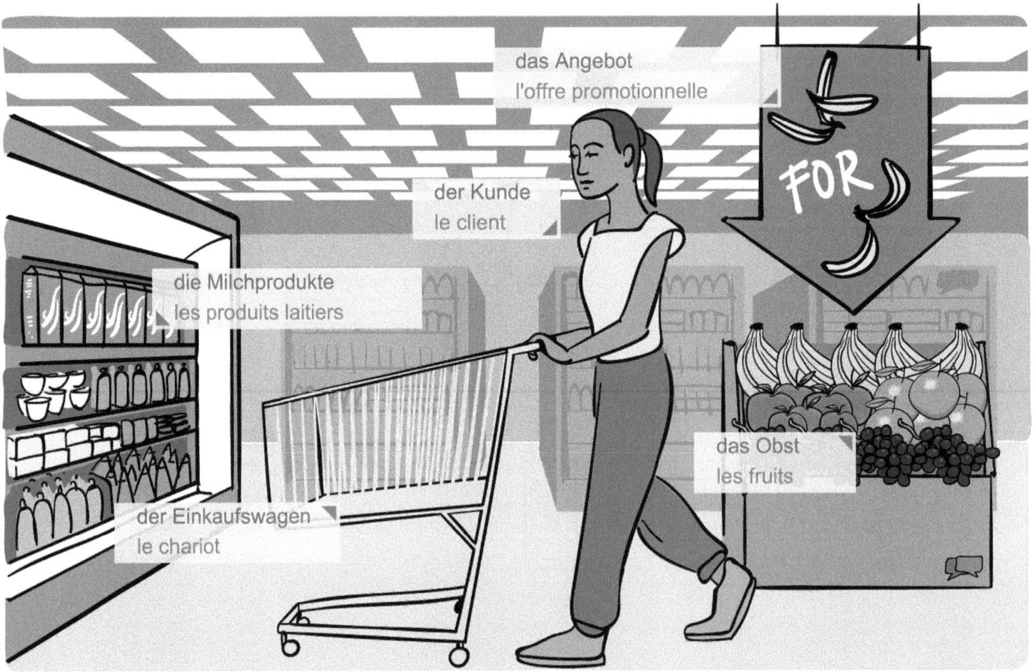

das Angebot
l'offre promotionnelle
FOR
der Kunde
le client
die Milchprodukte
les produits laitiers
das Obst
les fruits
der Einkaufswagen
le chariot

BUTCHERS

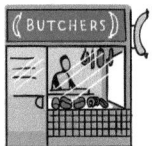

die Schlachterei

la boucherie

BAKERY

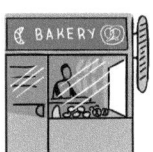

die Bäckerei

la boulangerie

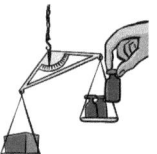

wiegen

peser

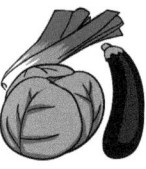

das Gemüse

les légumes

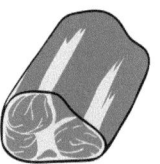

das Fleisch

la viande

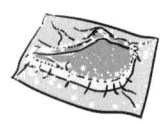

die Tiefkühlkost

les aliments surgelés

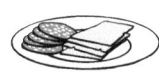

der Aufschnitt

la charcuterie

die Konserven

les conserves

das Waschmittel

la poudre à lessive

die Süßigkeiten

les bonbons

die Haushaltsartikel

les articles ménagers

das Reinigungsmittel

les détergents

die Verkäuferin

la vendeuse

die Kassa

la caisse

die Kassiererin

le caissier

die Einkaufsliste

la liste d'achats

die Öffnungszeiten

les heures d'ouverture

die Brieftasche

le portefeuille

die Kreditkarte

la carte de crédit

die Tasche

le sac

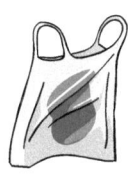

die Plastiktüte

le sac en plastique

das Wasser

l'eau

der Saft

le jus de fruit

die Milch

le lait

die Cola

le coca

der Wein

le vin

das Bier

la bière

der Alkohol

l'alcool

der Kakao

le chocolat chaud

der Tee

le thé

der Kaffee

le café

der Espresso

l'expresso

der Cappuccino

le cappuccino

die Banane

la banane

der Apfel

la pomme

die Orange

l'orange

die Melone

le melon

die Zitrone

le citron.

die Karotte

la carotte

der Knoblauch

l'ail

der Bambus

le bambou

die Zwiebel

l'oignon

der Pilz

le champignon

die Nüsse

les noisettes

die Nudeln

les pâtes

die Spaghetti

les spaghetti

der Reis

le riz

der Salat

la salade

die Pommes frites

les pommes frites

die Bratkartoffeln

les pommes de terre rôties

die Pizza

la pizza

der Hamburger

le hamburger

das Sandwich

le sandwich

das Schnitzel

l'escalope

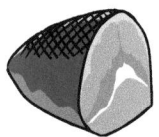

der Schinken

le jambon

die Salami

le salami

die Wurst

la saucisse

das Huhn

le poulet

der Braten

le rôti

der Fisch

le poisson

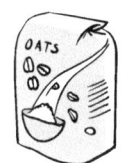

die Haferflocken

les flocons d'avoine

das Müsli

le muesli

die Cornflakes

les cornflakes

das Mehl

la farine

das Croissant

le croissant

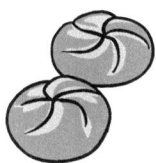

die Semmel

les petits-pains

das Brot

le pain

der Toast

le pain grillé

die Kekse

les biscuits

die Butter

le beurre

der Topfen

le fromage blanc

der Kuchen

le gâteau

das Ei

l'œuf

das Spiegelei

l'œuf au plat

der Käse

le fromage

die Eiscreme

la glace

der Zucker

le sucre

der Honig

le miel

die Marmelade

la confiture

der Schokoladenaufstrich

la crème nougat

das Curry

le curry

der Bauernhof
la ferme

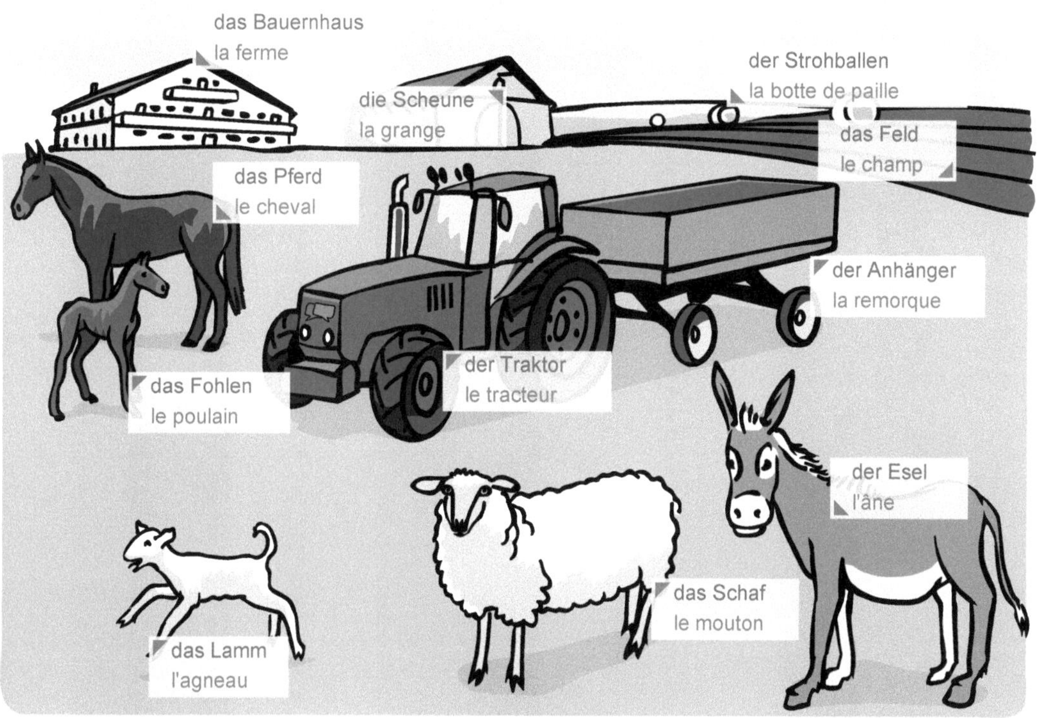
das Bauernhaus
la ferme
die Scheune
la grange
der Strohballen
la botte de paille
das Feld
le champ
das Pferd
le cheval
der Anhänger
la remorque
der Traktor
le tracteur
das Fohlen
le poulain
der Esel
l'âne
das Schaf
le mouton
das Lamm
l'agneau

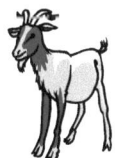

die Ziege
la chèvre

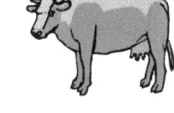

die Kuh
la vache

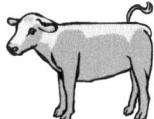

das Kalb
le veau

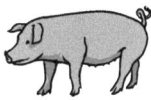

das Schwein
le porc

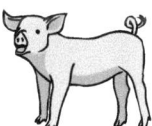

das Ferkel
le porcelet

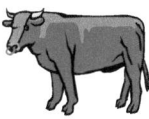

der Stier
le taureau

die Gans

l'oie

die Ente

le canard

das Küken

le poussin

das Huhn

la poule

der Hahn

le coq

die Ratte

le rat

die Katze

le chat

die Maus

la souris

der Ochse

le bœuf

der Hund

le chien

die Hundehütte

le chenil

der Gartenschlauch

le tuyau de jardin

die Gießkanne

l'arrosoir

die Sense

la faucheuse

der Pflug

la charrue

die Sichel

la faucille

die Hacke

la pioche

die Mistgabel

la fourche

die Axt

la hache

die Schubkarre

la brouette

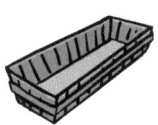

der Trog

la cuve

die Milchkanne

le pot à lait

der Sack

le sac

der Zaun

la clôture

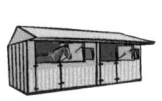

der Stall

l'étable

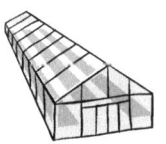

das Treibhaus

le serre

der Boden

le sol

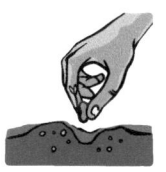

die Saat

les semences

der Dünger

l'engrais

der Mähdrescher

la moissonneuse-batteuse

ernten

récolter

die Ernte

la récolte

die Yamswurzel

l'igname

der Weizen

le blé

das Soja

le soja

der Erdapfel

la pomme de terre

der Mais

le maïs

der Raps

le colza

der Obstbaum

l'arbre fruitier

der Maniok

le manioc

das Getreide

les céréales

das Haus
la maison

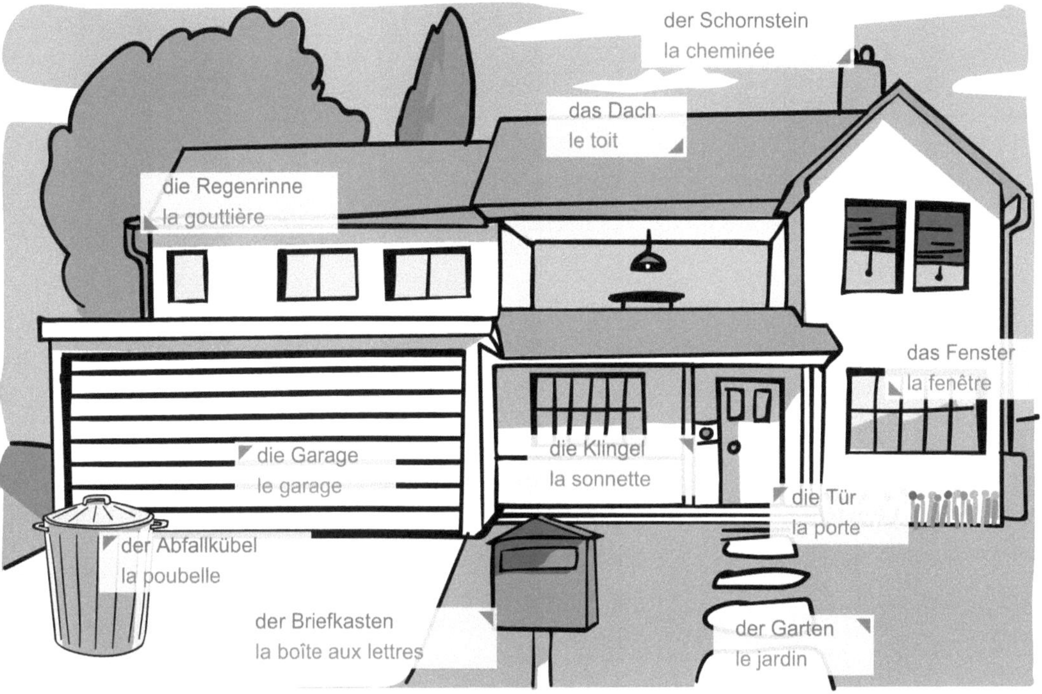
der Schornstein
la cheminée
das Dach
le toit
die Regenrinne
la gouttière
das Fenster
la fenêtre
die Garage
le garage
die Klingel
la sonnette
die Tür
la porte
der Abfallkübel
la poubelle
der Briefkasten
la boîte aux lettres
der Garten
le jardin

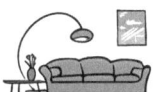

das Wohnzimmer

le salon

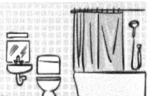

das Badezimmer

la salle de bain

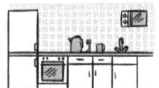

die Küche

la cuisine

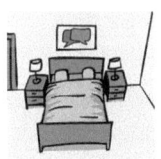

das Schlafzimmer

la chambre à coucher

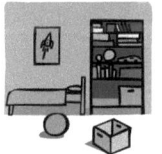

das Kinderzimmer

la chambre d'enfant

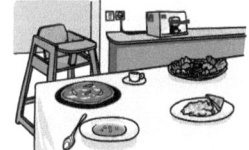

das Esszimmer

la salle à manger

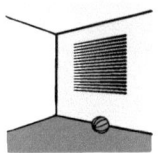

der Boden

le sol

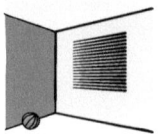

die Wand

le mur

die Decke

le plafond

der Keller

la cave

die Sauna

le sauna

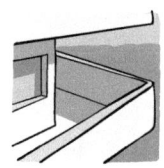

der Balkon

le balcon

die Terrasse

la terrasse

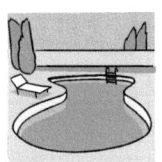

das Schwimmbad

la piscine

der Rasenmäher

la tondeuse à gazon

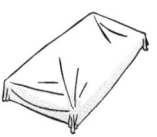

der Bettbezug

la housse

die Bettdecke

la couette

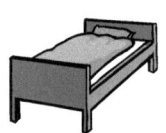

das Bett

le lit

der Besen

le balai

der Kübel

le sceau

der Schalter

l'interrupteur

das Wohnzimmer
le salon

die Tapete
le papier peint
das Bild
l'image
die Lampe
la lampe
das Regal
l'étagère
der Schrank
l'armoire
der Fernseher
la télé
der Kamin
la cheminée
die Blume
la fleur
der Polster
le coussin
das Sofa
le sofa
die Vase
le vase
die Fernbedienung
la télécommande

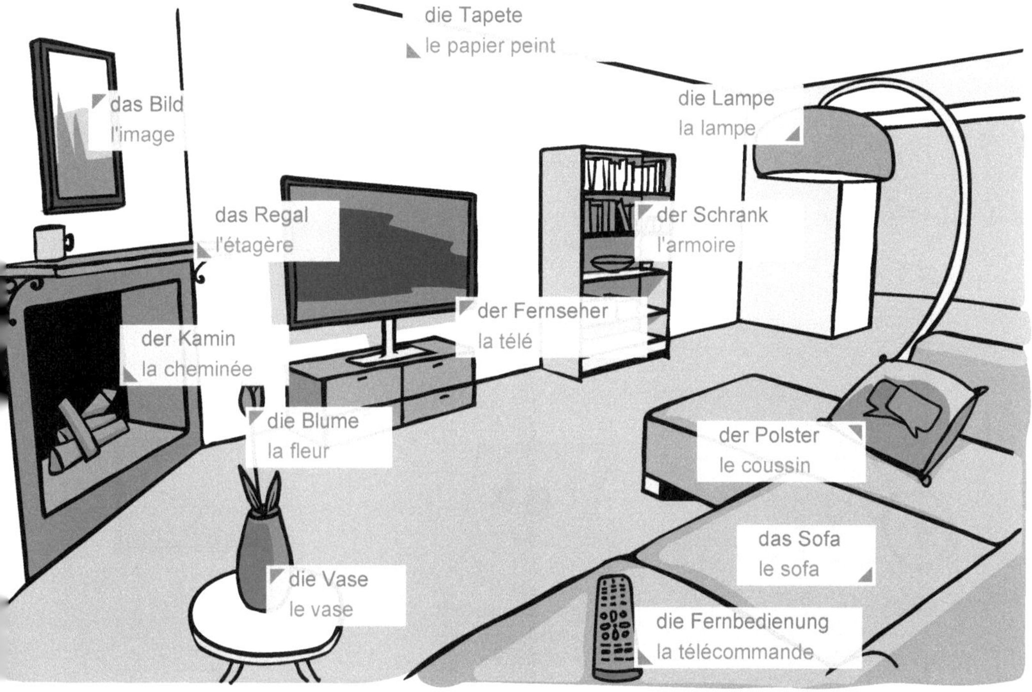

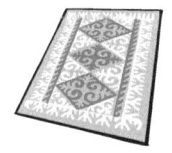

der Teppich

le tapis

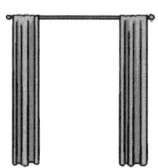

der Vorhang

le rideau

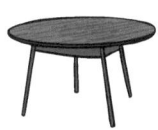

der Tisch

la table

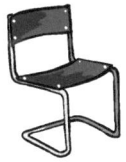

der Sessel

la chaise

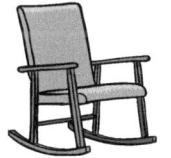

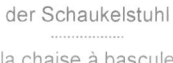

der Schaukelstuhl

la chaise à bascule

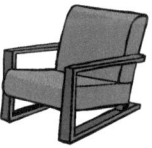

der Sessel

le fauteuil

das Buch

le livre

die Decke

la couverture

die Dekoration

la décoration

das Feuerholz

le bois de chauffage

der Film

le film

die Stereoanlage

la chaîne hi-fi

der Schlüssel

la clé

die Zeitung

le journal

das Gemälde

la peinture

das Poster

le poster

das Radio

la radio

der Notizblock

le bloc-notes

der Staubsauger

l'aspirateur

der Kaktus

le cactus

die Kerze

la bougie

die Küche
la cuisine

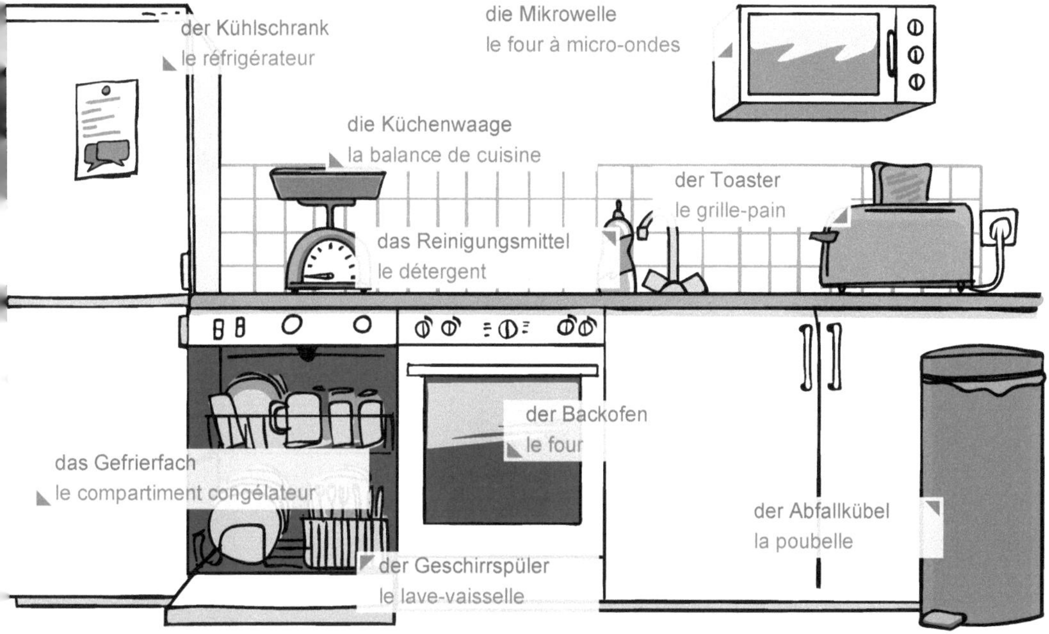
der Kühlschrank
le réfrigérateur
die Mikrowelle
le four à micro-ondes
die Küchenwaage
la balance de cuisine
der Toaster
le grille-pain
das Reinigungsmittel
le détergent
der Backofen
le four
das Gefrierfach
le compartiment congélateur
der Abfallkübel
la poubelle
der Geschirrspüler
le lave-vaisselle

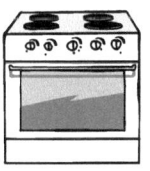

der Herd
....
le four

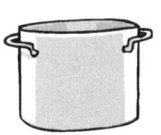

der Topf
....
la casserole

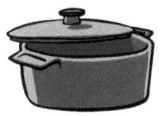

der Eisentopf
....
la marmite

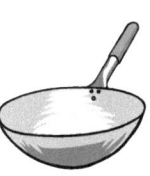

der Wok / Kadai
....
le wok / kadai

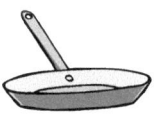

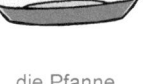

die Pfanne
....
la poêle

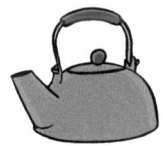

der Wasserkocher
....
la bouilloire electrique

der Dampfgarer

le cuiseur vapeur

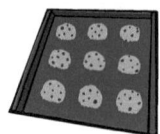

das Backblech

la plaque de cuisson

das Geschirr

la vaisselle

der Becher

le gobelet

die Schale

la coupe

die Essstäbchen

les baguettes

der Schöpflöffel

la louche

der Pfannenwender

la spatule

der Schneebesen

le fouet

das Kochsieb

la passoire

das Sieb

le tamis

die Reibe

la râpe

der Mörser

le mortier

der Grill

le barbecue

das Kaminfeuer

la cheminée

das Schneidebrett

la planche à découper

das Nudelholz

le rouleau à pâtisserie

der Korkenzieher

le tire-bouchon

die Dose

la boîte

der Dosenöffner

l'ouvre-boîte

der Topflappen

les maniques

das Waschbecken

le lavabo

die Bürste

la brosse

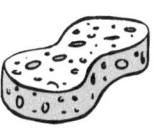

der Schwamm

l'éponge

der Mixer

le mixeur

die Gefriertruhe

le congélateur

die Babyflasche

le biberon

der Wasserhahn

le robinet

das Badezimmer

la salle de bain

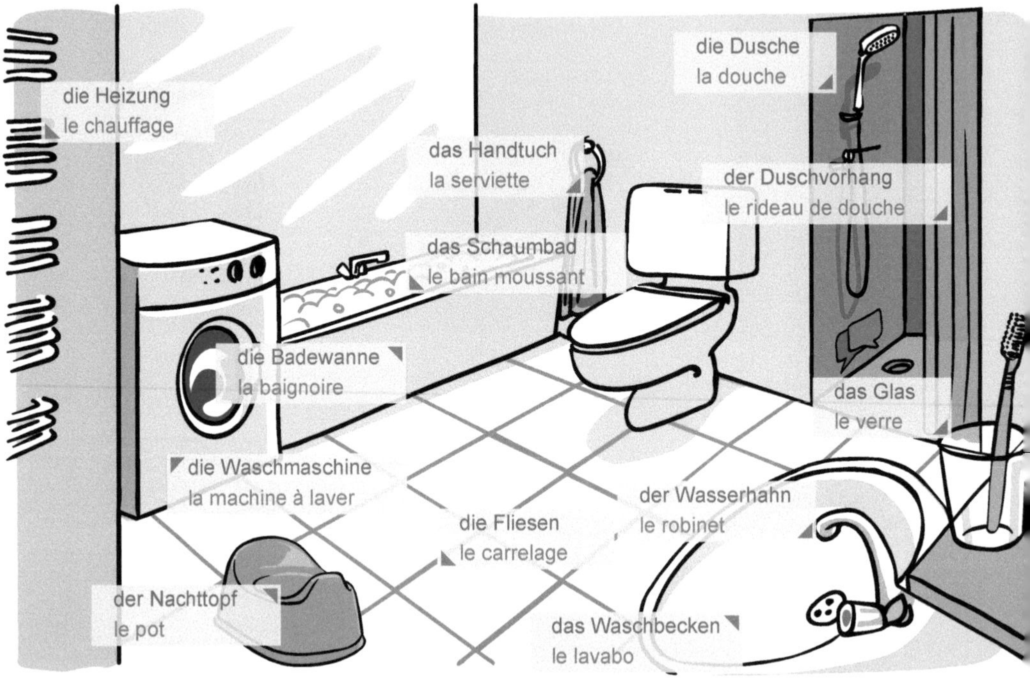

die Dusche
la douche

die Heizung
le chauffage

das Handtuch
la serviette

der Duschvorhang
le rideau de douche

das Schaumbad
le bain moussant

die Badewanne
la baignoire

das Glas
le verre

die Waschmaschine
la machine à laver

der Wasserhahn
le robinet

die Fliesen
le carrelage

der Nachttopf
le pot

das Waschbecken
le lavabo

das Klo
les toilettes

die Hocktoilette
la toilette à la turque

das Bidet
le bidet

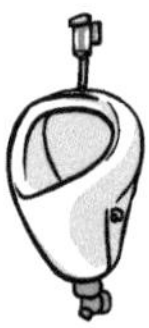

das Pissoir
l'urinoir

das Klopapier
le papier toilette

die Klobürste
la brosse à toilette

die Zahnbürste

la brosse à dents

die Zahnpasta

le dentifrice

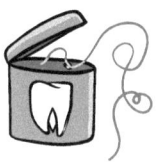

die Zahnseide

le fil dentaire

waschen

laver

die Handbrause

la douche manuelle

die Intimdusche

la douche intime

die Waschschüssel

la vasque

die Rückenbürste

la brosse dorsale

die Seife

le savon

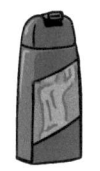

das Duschgel

le gel douche

das Shampoo

le shampooing

der Waschlappen

le gant de toilette

der Abfluss

l'écoulement

die Creme

la crème

das Deodorant

le déodorant

der Spiegel
le miroir

der Kosmetikspiegel
le miroir cosmétique

der Rasierer
le rasoir

der Rasierschaum
la mousse à raser

das Rasierwasser
l'après-rasage

der Kamm
la peigne

die Bürste
la brosse

der Föhn
le sèche-cheveux

das Haarspray
la laque pour cheveux

das Makeup
le fond de teint

der Lippenstift
le rouge à lèvres

der Nagellack
le vernis à ongles

die Watte
l'ouate

die Nagelschere
le coupe-ongles

das Parfum
le parfum

der Kulturbeutel

la trousse de toilette

der Hocker

le tabouret

die Waage

le pèse-personne

der Bademantel

le peignoir

die Gummihandschuhe

les gants de nettoyage

das Tampon

le tampon

die Damenbinde

les serviettes hygiéniques

die Chemietoilette

la toilette chimique

das Kinderzimmer
la chambre d'enfant

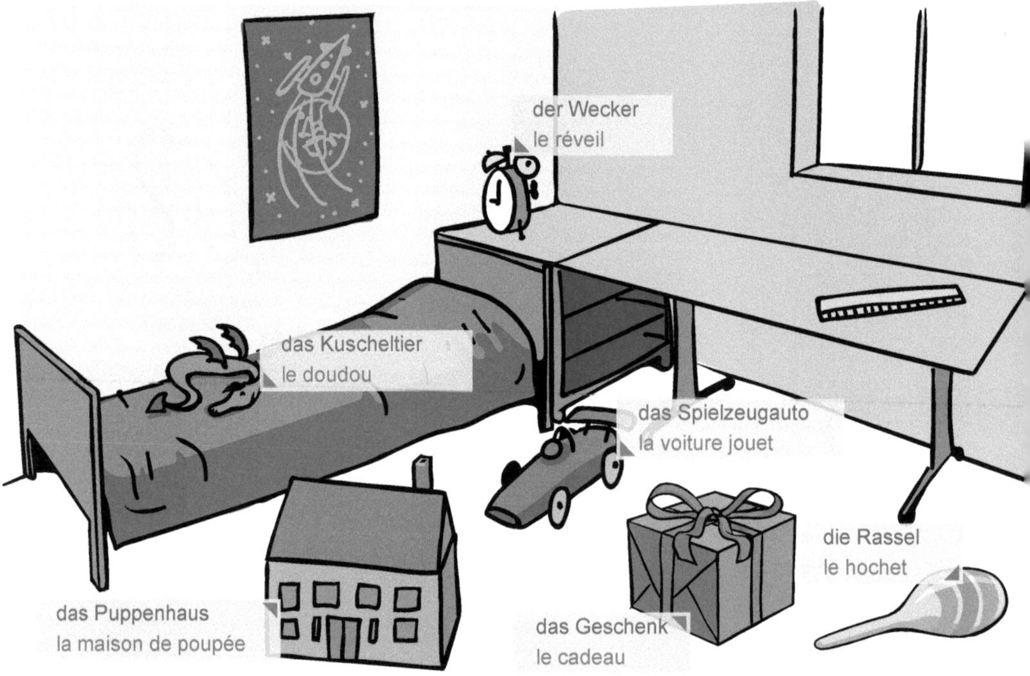
der Wecker
le réveil
das Kuscheltier
le doudou
das Spielzeugauto
la voiture jouet
die Rassel
le hochet
das Puppenhaus
la maison de poupée
das Geschenk
le cadeau

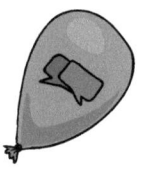

der Ballon

le ballon

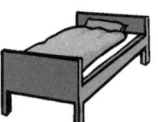

das Bett

le lit

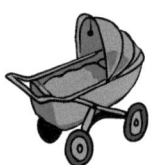

der Kinderwagen

la poussette

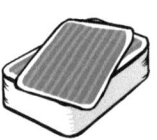

das Kartenspiel

le jeu de cartes

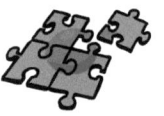

das Puzzle

le puzzle

SUPER
MEGA

der Comic

la bande dessinée

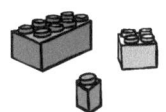

die Legosteine

les pièces lego

die Bausteine

les blocs de construction

die Actionfigur

la figurine

der Strampelanzug

la grenouillère

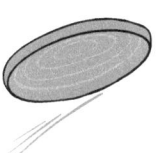

das Frisbee

le frisbee

das Mobile

le mobile

das Brettspiel

le jeu de société

der Würfel

le dé

die Modelleisenbahn

le train miniature

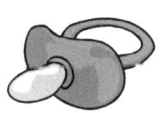

der Schnuller

la sucette

die Party

la fête

das Bilderbuch

le livre d'images

der Ball

la balle

die Puppe

la poupée

spielen

jouer

der Sandkasten

le bac à sable

die Schaukel

la balançoire

das Spielzeug

les jouets

die Spielkonsole

la console de jeu

das Dreirad

le tricycle

der Teddy

l'ours en peluche

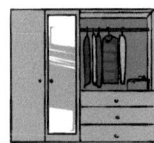

der Kleiderschrank

l'armoire

die Kleidung

les vêtements

die Socken

les chaussettes

die Strümpfe

les bas

die Strumpfhose

le collant

der Schal
l'écharpe

der Regenschirm
le parapluie

das T-Shirt
le t-shirt

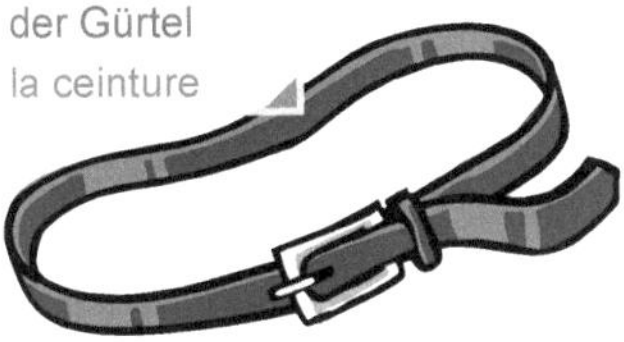

der Gürtel
la ceinture

die Stiefel
les bottes

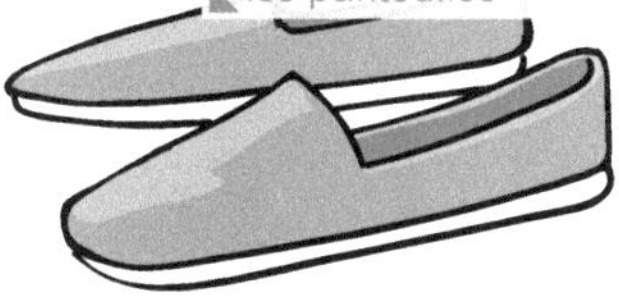

die Hausschuhe
les pantoufles

die Turnschuhe
les baskets

die Sandalen
les sandales

die Schuhe
les chaussures

die Gummistiefel
les bottes de caoutchouc

die Unterhose
les sous-vêtements

der Büstenhalter
le soutien-gorge

das Unterhemd
le maillot de corps

die Kleidung - les vêtements

der Body

le body

die Hose

le pantalon

die Jeans

le jean

der Rock

la jupe

die Bluse

le chemisier

das Hemd

la chemise

der Pullover

le pull

der Kapuzenpullover

le sweat à capuche

der Blazer

la veste

die Jacke

la veste

der Mantel

le manteau

der Regenmantel

l'imperméable

das Kostüm

le costume

das Kleid

la robe

das Hochzeitskleid

la robe de mariée

der Anzug

le costume

das Nachthemd

la chemise de nuit

der Pyjama

le pyjama

der Sari

le sari

das Kopftuch

le foulard

der Turban

le turban

die Burka

la burqa

der Kaftan

le caftan

die Abaya

l'abaya

der Badeanzug

le maillot de bain

die Badehose

le maillot de bain

die kurze Hose

le short

der Jogginganzug

la tenue d'entraînement

die Schürze

le tablier

die Handschuhe

les gants

der Knopf

le bouton

die Brille

les lunettes

das Armband

le bracelet

die Halskette

le collier

der Ring

la bague

der Ohrring

la boucle d'oreille

die Mütze

le bonnet

der Kleiderbügel

le cintre

der Hut

le chapeau

die Krawatte

la cravate

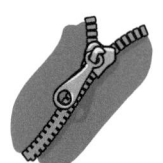

der Reißverschluss

la fermeture éclair

der Helm

le casque

der Hosenträger

les bretelles

die Schuluniform

l'uniforme scolaire

die Uniform

l'uniforme

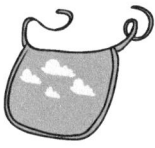

das Lätzchen

le bavoir

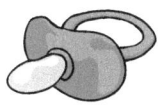

der Schnuller

la sucette

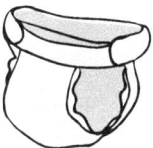

die Windel

la lange

das Büro
le bureau

der Server
le serveur
der Aktenschrank
l'armoire d'archivage
das Papier
le papier
der Drucker
l'imprimante
der Monitor
l'écran
der Schreibtisch
le bureau
die Maus
la souris
der Ordner
le classeur
die Tastatur
le clavier
der Papierkorb
la corbeille à papier
der Sessel
la chaise
der Computer
l'ordinateur

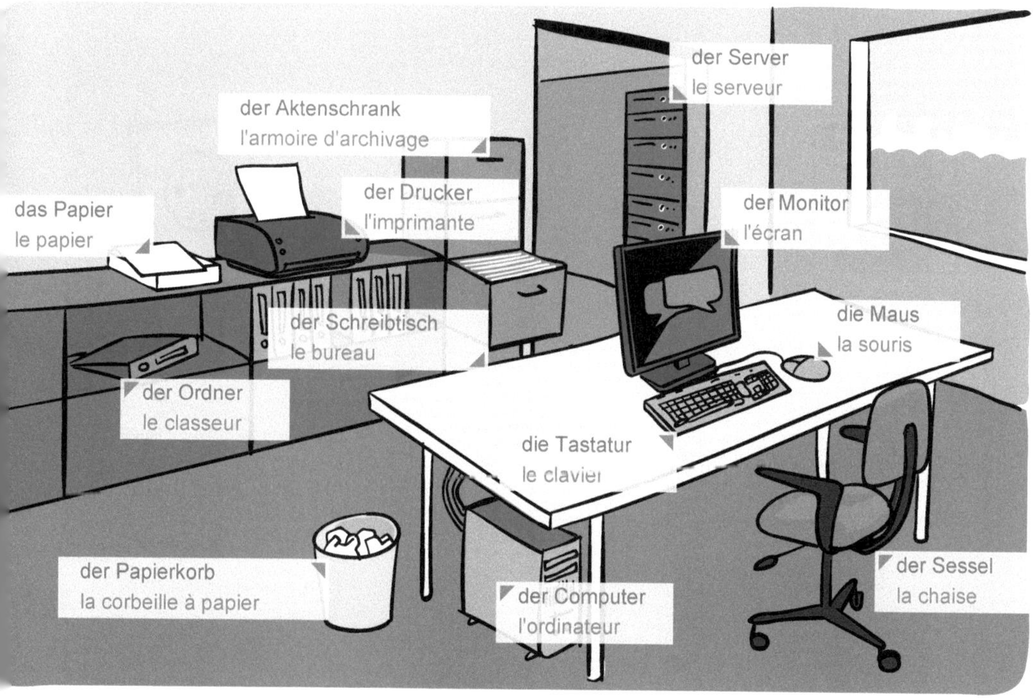

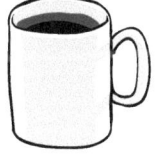

der Kaffeebecher

la tasse de café

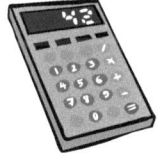

der Taschenrechner

la calculatrice

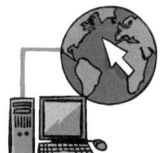

das Internet

l'internet

der Laptop

l'ordinateur portable

der Brief

la lettre

die Nachricht

le message

das Handy

le portable

das Netzwerk

le réseau

der Kopierer

la photocopieuse

die Software

le logiciel

das Telefon

le téléphone

die Steckdose

la prise

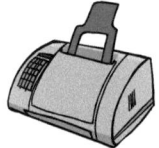

das Fax

le fax

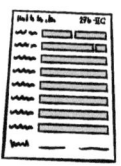

das Formular

le formulaire

das Dokument

le document

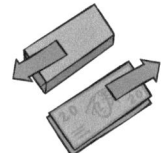

kaufen

acheter

bezahlen

payer

handeln

faire du commerce

das Geld

la monnaie

 USD

der Dollar

le dollar

 EUR

der Euro

l'euro

 JPY

der Yen

le yen

 RUB

der Rubel

le rouble

 CHF

der Franken

le franc suisse

 CNY

der Renminbi Yuan

le renminbi yuan

 INR

die Rupie

la roupie

der Bankomat

le distributeur automatique

die Wechselstube

le bureau de change

das Gold

l'or

das Silber

l'argent

das Öl

le pétrole

die Energie

l'énergie

der Preis

le prix

der Vertrag

le contrat

die Steuer

la taxe

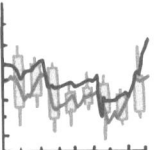

die Aktie

l'action

arbeiten

travailler

der Angestellte

l'employé

der Arbeitgeber

l'employeur

die Fabrik

l'usine

das Geschäft

le magasin

die Berufe
les professions

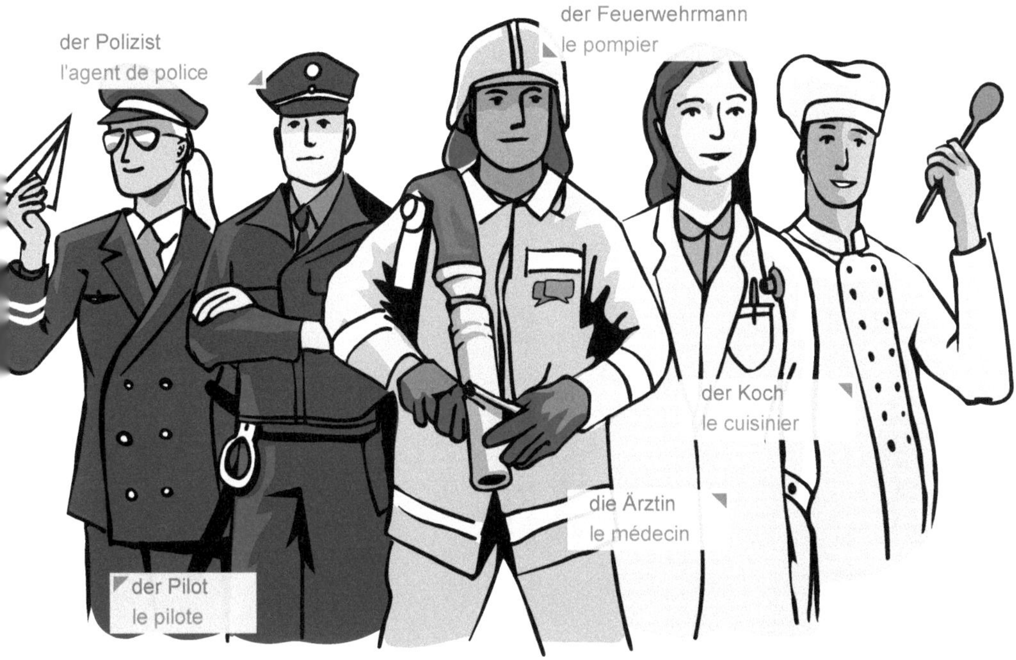
der Feuerwehrmann
le pompier
der Polizist
l'agent de police
der Koch
le cuisinier
die Ärztin
le médecin
der Pilot
le pilote

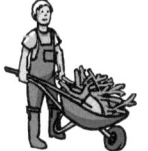

der Gärtner

le jardinier

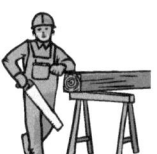

der Tischler

le menuisier

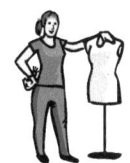

die Schneiderin

la couturière

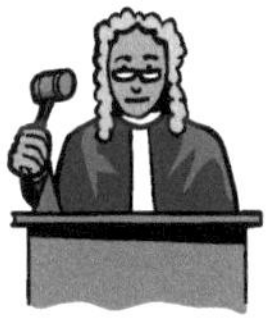

der Richter

le juge

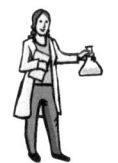

die Chemikerin

le chimiste

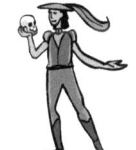

der Schauspieler

l'acteur

der Busfahrer

le conducteur de bus

der Taxifahrer

le chauffeur de taxi

der Fischer

le pêcheur

die Putzfrau

la femme de ménage

der Dachdecker

le couvreur

der Kellner

le serveur

der Jäger

le chasseur

der Maler

le peintre

der Bäcker

le boulanger

der Elektriker

l'électricien

der Bauarbeiter

l'ouvrier

der Ingenieur

l'ingénieur

der Schlachter

le boucher

der Installateur

le plombier

die Briefträgerin

le facteur

der Soldat

le soldat

der Architekt

l'architecte

die Kassiererin

le caissier

die Blumenhändlerin

le fleuriste

der Friseur

le coiffeur

der Schaffner

le contrôleur

der Mechaniker

le mécanicien

der Kapitän

le capitaine

die Zahnärztin

le dentiste

der Wissenschaftler

le scientifique

der Rabbi

le rabbin

der Imam

l'imam

der Mönch

le moine

der Pfarrer

le prêtre

die Werkzeuge
les outils

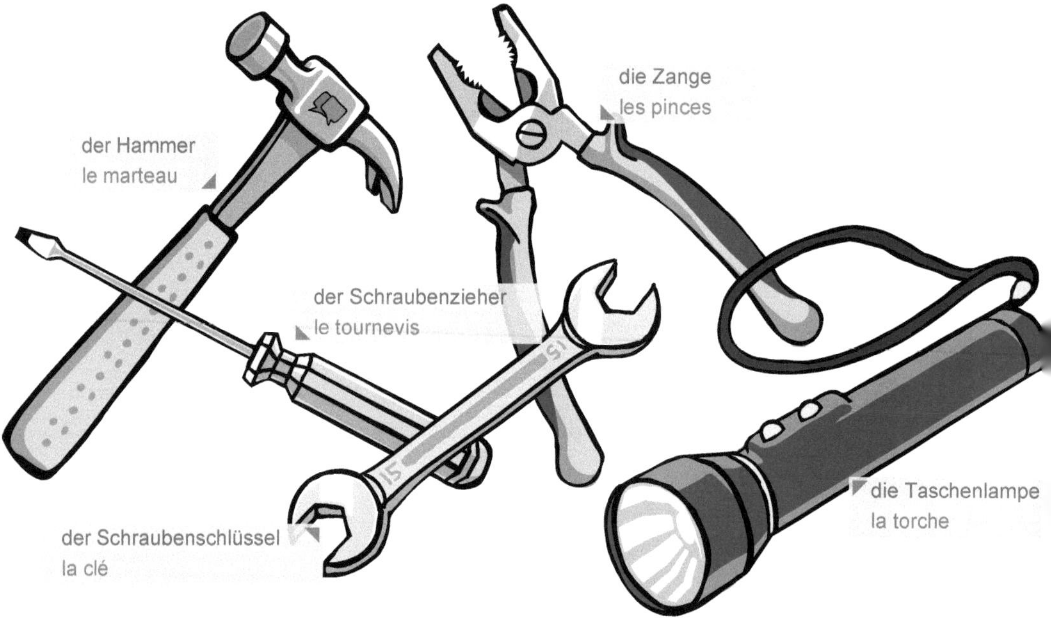

der Hammer
le marteau

die Zange
les pinces

der Schraubenzieher
le tournevis

der Schraubenschlüssel
la clé

die Taschenlampe
la torche

der Bagger
la pelleteuse

der Werkzeugkasten
la boîte à outils

die Leiter
l'échelle

die Säge
la scie

die Nägel
les clous

der Bohrer
la perceuse

reparieren

réparer

die Schaufel

la pelle

Scheiße!

Mince !

die Kehrschaufel

la pelle

der Farbtopf

le pot de peinture

die Schrauben

les vis

die Musikinstrumente
les instruments de musique

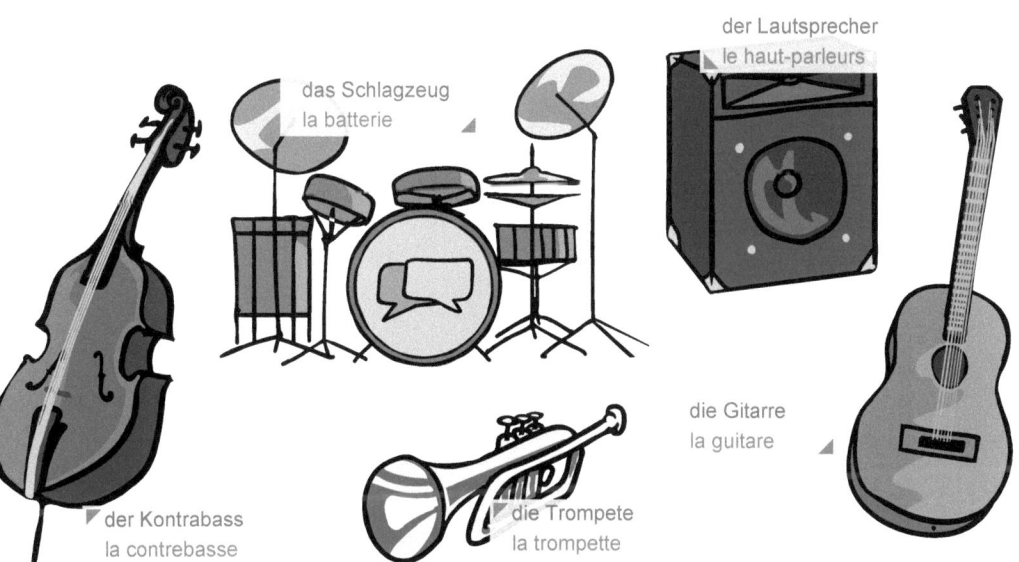

das Schlagzeug
la batterie

der Lautsprecher
le haut-parleurs

die Gitarre
la guitare

der Kontrabass
la contrebasse

die Trompete
la trompette

das Klavier

le piano

die Violine

le violon

der Bass

la basse

die Pauke

les timbales

die Trommeln

le tambour

die Tastatur

le piano électrique

das Saxophon

le saxophone

die Flöte

la flûte

das Mikrofon

le microphone

der Zoo
le zoo

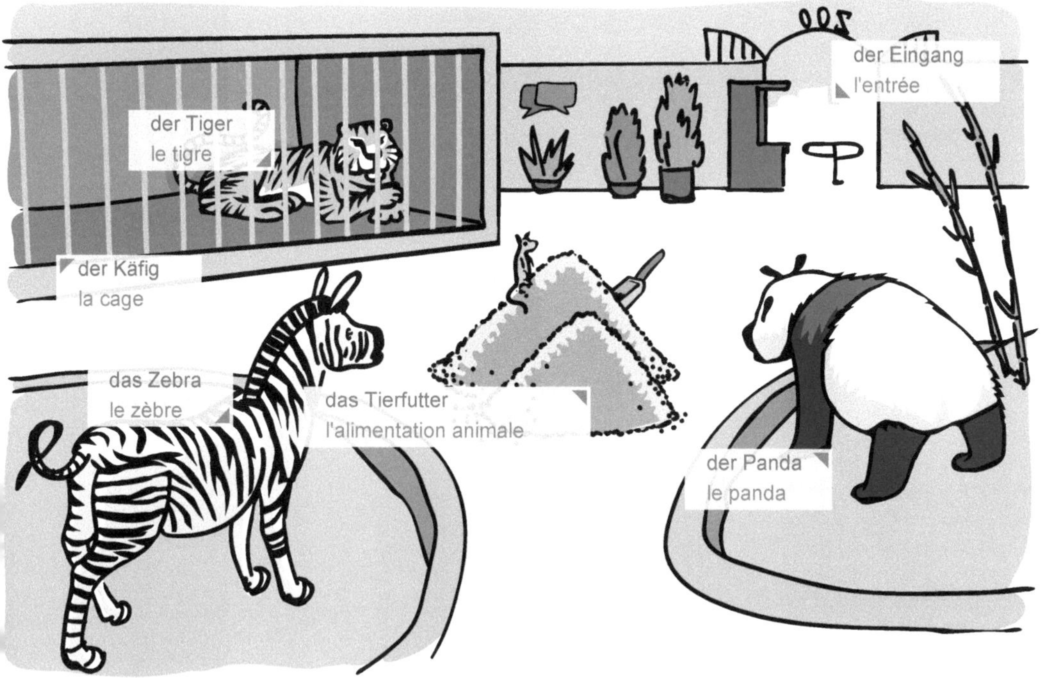
der Eingang
l'entrée
der Tiger
le tigre
der Käfig
la cage
das Zebra
le zèbre
das Tierfutter
l'alimentation animale
der Panda
le panda

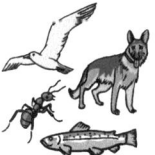

die Tiere
les animaux

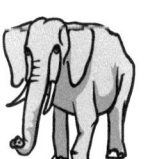

der Elefant
l'éléphant

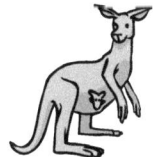

das Känguru
le kangourou

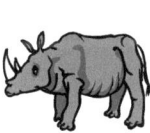

das Nashorn
le rhinocéros

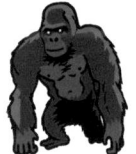

der Gorilla
le gorille

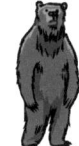

der Bär
l'ours

das Kamel

le chameau

der Strauß

l'autruche

der Löwe

le lion

der Affe

le singe

der Flamingo

le flamand rose

der Papagei

le perroquet

der Eisbär

l'ours polaire

der Pinguin

le pingouin

der Hai

le requin

der Pfau

le paon

die Schlange

le serpent

das Krokodil

le crocodile

der Zoowärter

le gardien de zoo

die Robbe

le phoque

der Jaguar

le jaguar

das Pony

le poney

der Leopard

le léopard

das Nilpferd

l'hippopotame

die Giraffe

la girafe

der Adler

l'aigle

das Wildschwein

le sanglier

der Fisch

le poisson

die Schildkröte

la tortue

das Walross

le morse

der Fuchs

le renard

die Gazelle

la gazelle

das American Football
l'american Football

das Radfahren
le cyclisme

das Tennis
le tennis

der Basketball
le basket-ball

das Schwimmen
la natation

das Boxen
la boxe

das Eishockey
le hockey sur glace

der Fußball

le football

das Badminton

le badminton

die Leichtathletik

l'athlétisme

der Handball

le handball

das Skifahren

le ski

das Polo

le polo

die Aktivitäten
les activités

springen
sauter
umarmen
embrasser
lachen
rire
gehen
marcher
singen
chanter
träumen
rêver
beten
prier
küssen
faire la bise

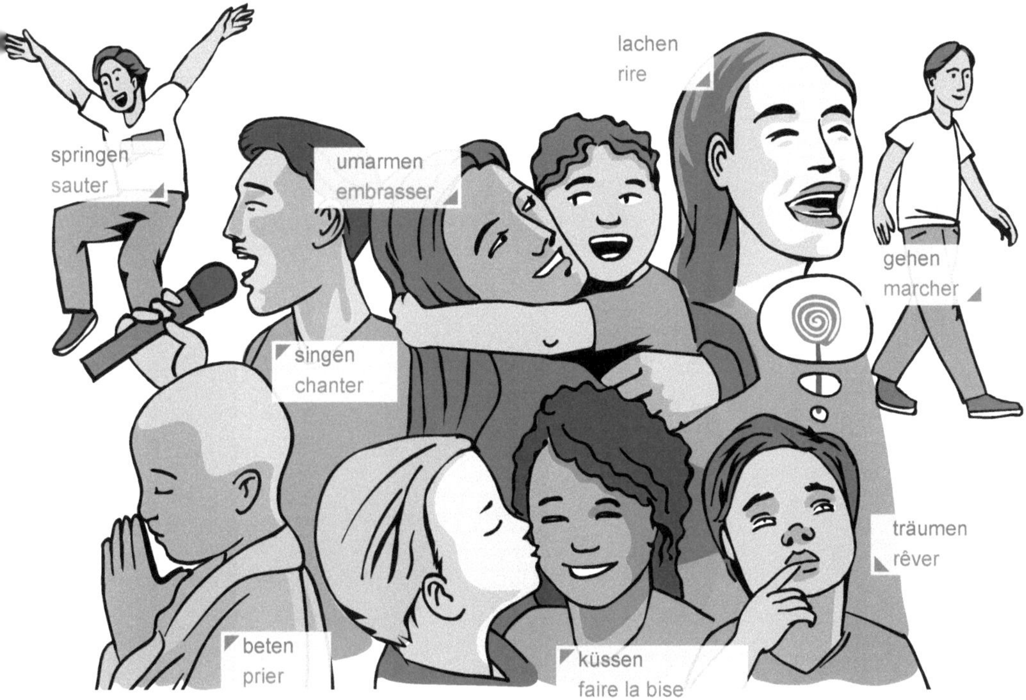

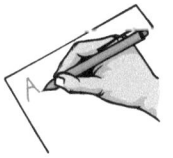

schreiben

écrire

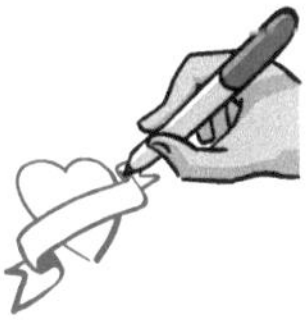

zeichnen

dessiner

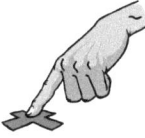

zeigen

montrer

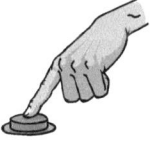

drücken

pousser

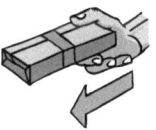

geben

donner

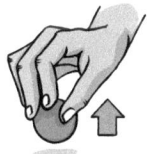

nehmen

prendre

haben

avoir

machen

faire

sein

être

stehen

être debout

laufen

courir

ziehen

trier

werfen

jeter

fallen

tomber

liegen

être couché

warten

attendre

tragen

porter

sitzen

être assis

anziehen

s'habiller

schlafen

dormir

aufwachen

se réveiller

ansehen
regarder

weinen
pleurer

streicheln
caresser

frisieren
peigner

reden
parler

verstehen
comprendre

fragen
demander

hören
écouter

trinken
boire

essen
manger

zusammenräumen
ranger

lieben
aimer

kochen
cuire

fahren
conduire

fliegen
voler

die Aktivitäten - les activités

segeln

faire de la voile

rechnen

calculer

lesen

lire

lernen

apprendre

arbeiten

travailler

heiraten

se marier

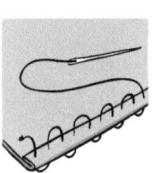

nähen

coudre

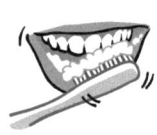

Zähne putzen

brosser les dents

töten

tuer

rauchen

fumer

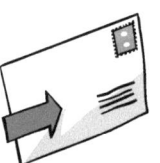

senden

envoyer

die Familie
la famille

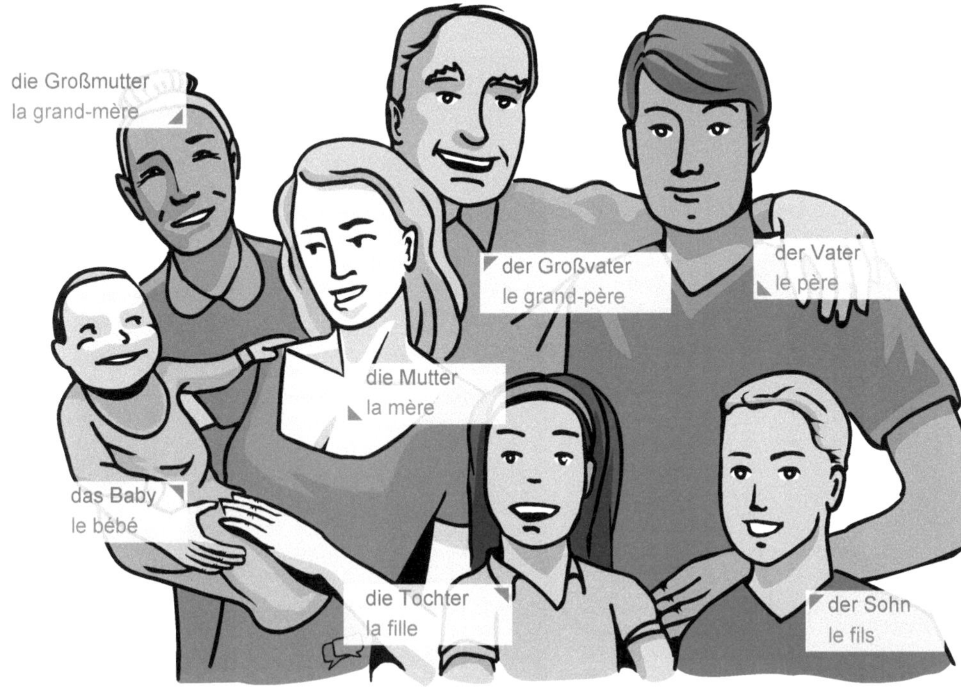
die Großmutter
la grand-mère
der Großvater
le grand-père
der Vater
le père
die Mutter
la mère
das Baby
le bébé
die Tochter
la fille
der Sohn
le fils

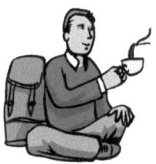

der Gast

l'hôte

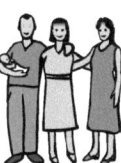

die Tante

la tante

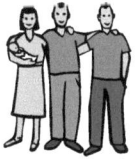

der Onkel

l'oncle

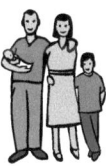

der Bruder

le frère

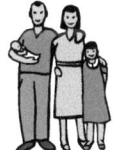

die Schwester

la sœur

der Körper

le corps

die Stirn
le front
das Auge
l'œil
die Schulter
l'épaule
der Finger
le doigt
das Gesicht
le visage
das Kinn
le menton
die Hand
la main
das Bein
la jambe
die Brust
la poitrine
der Arm
le bras

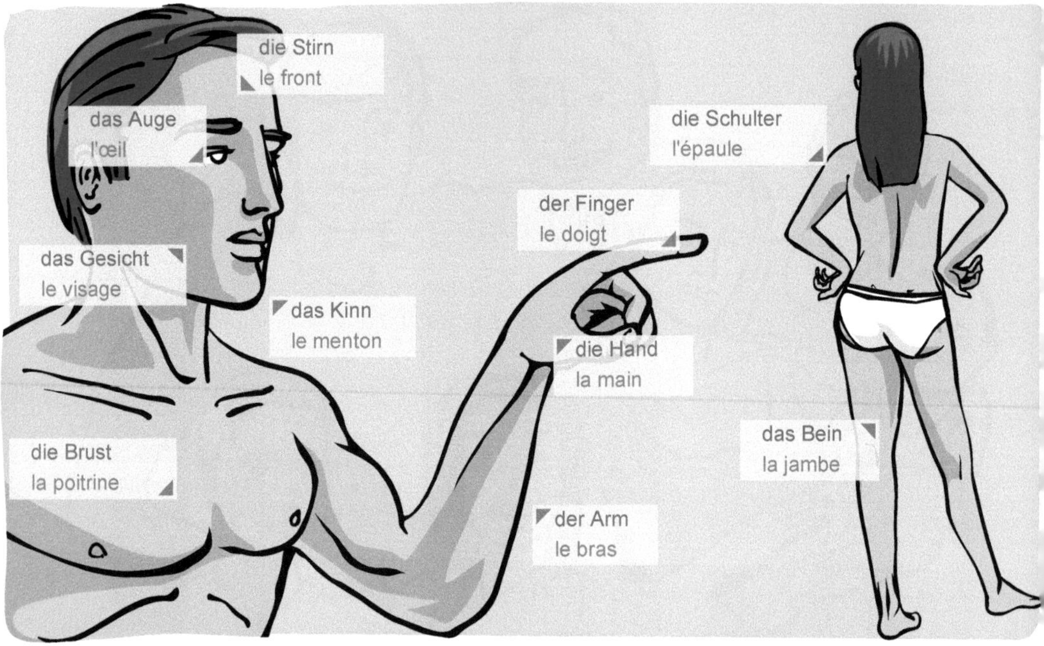

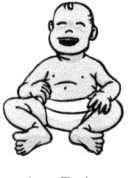

das Baby

le bébé

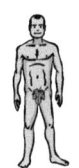

der Mann

l'homme

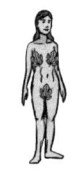

die Frau

la femme

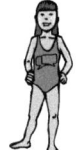

das Mädchen

la fille

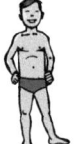

der Junge

le garçon

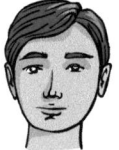

der Kopf

la tête

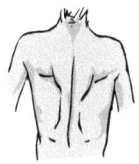

der Rücken

le dos

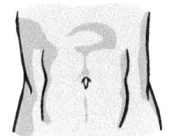

der Bauch

le ventre

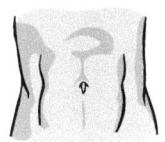

der Nabel

le nombril

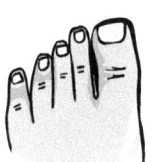

der Zeh

l'orteil

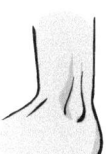

die Ferse

le talon

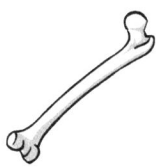

der Knochen

l'os

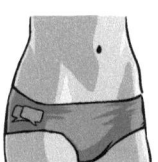

die Hüfte

la hanche

das Knie

le genou

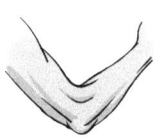

der Ellbogen

le coude

die Nase

le nez

das Gesäß

les fesses

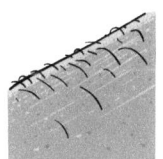

die Haut

la peau

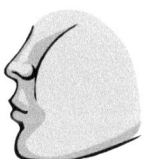

die Wange

la joue

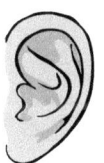

das Ohr

l'oreille

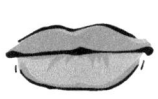

die Lippe

la lèvre

der Mund
la bouche

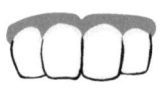

der Zahn
la dent

die Zunge
la langue

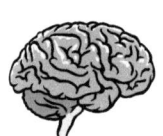

das Gehirn
le cerveau

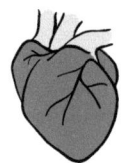

das Herz
le cœur

der Muskel
le muscle

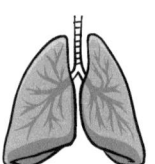

die Lunge
les poumons

die Leber
le foie

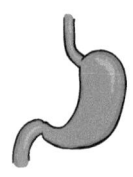

der Magen
l'estomac

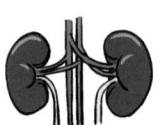

die Nieren
les reins

der Geschlechtsverkehr
le rapport sexuel

das Kondom
le préservatif

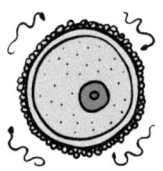

die Eizelle
l'ovule

das Sperma
le sperme

die Schwangerschaft
la grossesse

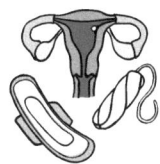

die Menstruation

la menstruation

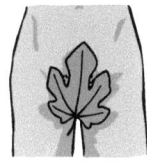

die Vagina

le vagin

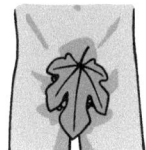

der Penis

le pénis

die Augenbraue

le sourcil

das Haar

les cheveux

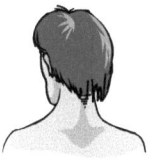

der Hals

le cou

das Spital
l'hôpital

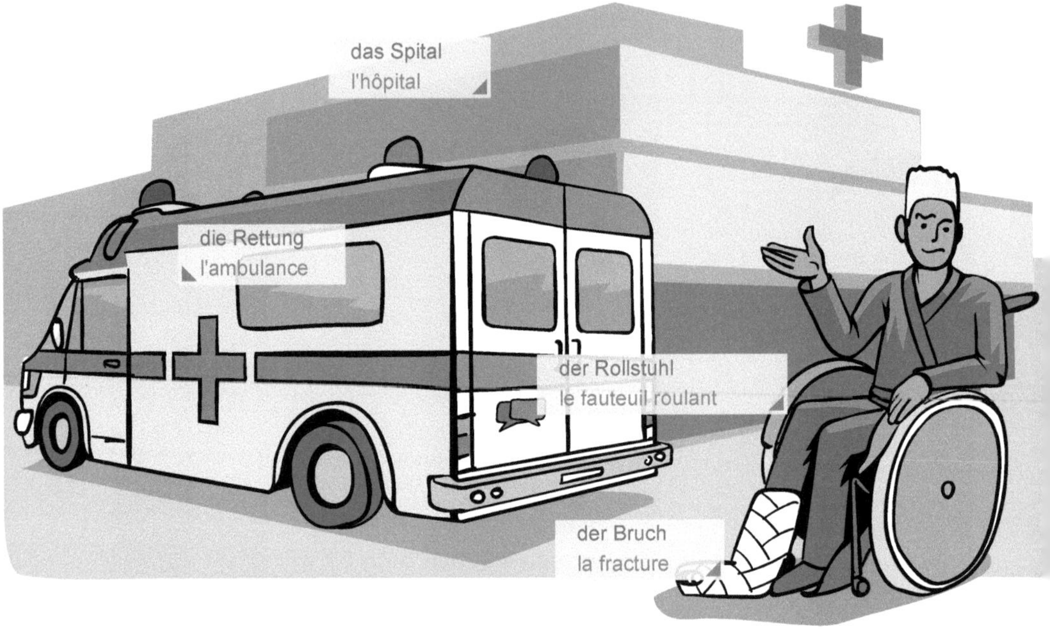

das Spital
l'hôpital
die Rettung
l'ambulance
der Rollstuhl
le fauteuil roulant
der Bruch
la fracture

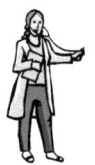

die Ärztin

le médecin

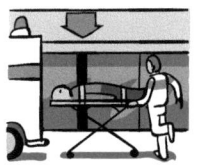

die Notaufnahme

le service des urgences

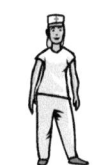

die Krankenschwester

l'infirmière

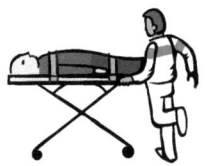

der Notfall

l'urgence

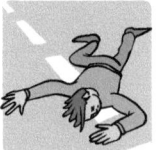

ohnmächtig

inconscient

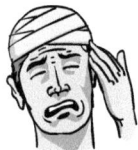

der Schmerz

la douleur

die Verletzung

la blessure

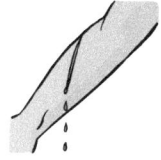

die Blutung

l'hémorragie

der Herzinfarkt

la crise cardiaque

der Schlaganfall

l'attaque cérébrale

die Allergie

l'allergie

der Husten

la toux

das Fieber

la fièvre

die Grippe

la grippe

der Durchfall

la diarrhée

die Kopfschmerzen

le mal de tête

der Krebs

le cancer

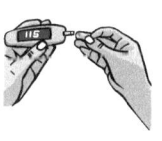

die Diabetes

le diabète

der Chirurg

le chirurgien

das Skalpell

le scalpel

die Operation

l'opération

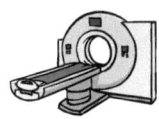

das CT
le CT

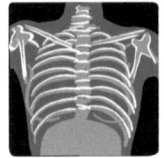

das Röntgen
la radiographie

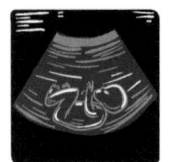

der Ultraschall
l'échographie

die Maske
le masque

die Krankheit
la maladie

das Wartezimmer
la salle d'attente

die Krücke
la béquille

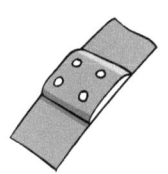

das Pflaster
le pansement

der Verband
le pansement

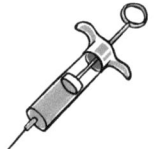

die Injektion
l'injection

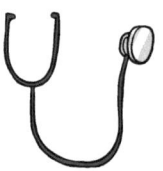

das Stethoskop
le stéthoscope

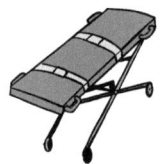

die Trage
le brancard

das Thermometer
le thermomètre

die Geburt
l'accouchement

das Übergewicht
la surcharge pondérale

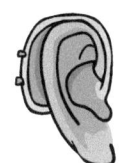

das Hörgerät

l'appareil auditif

das Desinfektionsmittel

le désinfectant

die Infektion

l'infection

das Virus

le virus

das HIV / AIDS

le VIH / le sida

die Medizin

le médicament

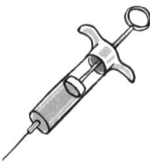

die Impfung

la vaccination

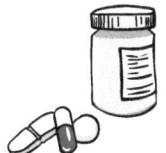

die Tabletten

les comprimés

die Pille

la pilule

der Notruf

l'appel d'urgence

der Blutdruckmesser

le tensiomètre

krank / gesund

malade / sain

Hilfe!

Au secours !

der Alarm

l'alarme

der Überfall

l'assaut

der Angriff

l'attaque

die Gefahr

le danger

der Notausgang

la sortie de secours

Feuer!

Au feu!

der Feuerlöscher

l'extincteur

der Unfall

l'accident

der Erste-Hilfe-Koffer

la trousse de premier
secours

SOS

SOS

die Polizei

la police

das Europa

l'Europe

das Nordamerika

l'Amérique du Nord

das Südamerika

l'Amérique du Sud

das Afrika

l'Afrique

das Asien

l'Asie

das Australien

l'Australie

der Atlantik

l'Océan atlantique

der Pazifik

l'Océan pacifique

der Indische Ozean

l'Océan indien

der Antarktische Ozean

l'Océan antarctique

der Arktische Ozean

l'Océan arctique

der Nordpol

le Pôle nord

der Südpol

le Pôle sud

die Antarktis

l'Antarctique

die Erde

la terre

das Land

le pays

das Meer

la mer

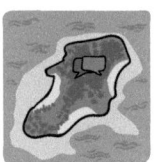

die Insel

l'île

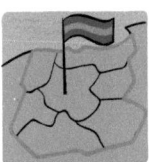

die Nation

la nation

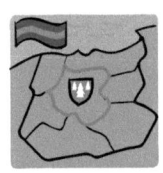

der Staat

l'état

das Ziffernblatt

le cadran

der Stundenzeiger

l'aiguille des heures

der Minutenzeiger

l'aiguille des minutes

der Sekundenzeiger

l'aiguille des secondes

Wie spät ist es?

Quelle heure est-il ?

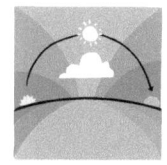

der Tag

le jour

die Zeit

le temps

jetzt

maintenant

die Digitaluhr

la montre digitale

die Minute

la minute

die Stunde

l'heure

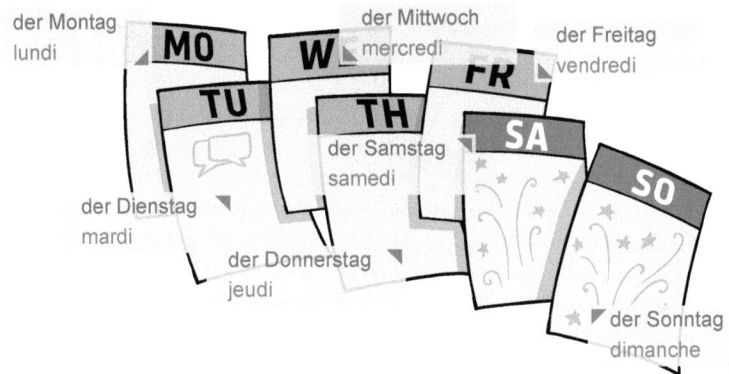

der Montag
lundi

der Mittwoch
mercredi

der Freitag
vendredi

der Dienstag
mardi

der Samstag
samedi

der Donnerstag
jeudi

der Sonntag
dimanche

gestern

hier

2

heute

aujourd'hui

morgen

demain

der Morgen

le matin

der Mittag

le midi

der Abend

le soir

die Arbeitstage

les jours ouvrables

das Wochenende

le week-end

der Regen
la pluie

der Regenbogen
l'arc-en-ciel

der Schnee
la neige

der Wind
le vent

der Frühling
le printemps

der Herbst
l'automne

der Sommer
l'été

der Winter
l'hiver

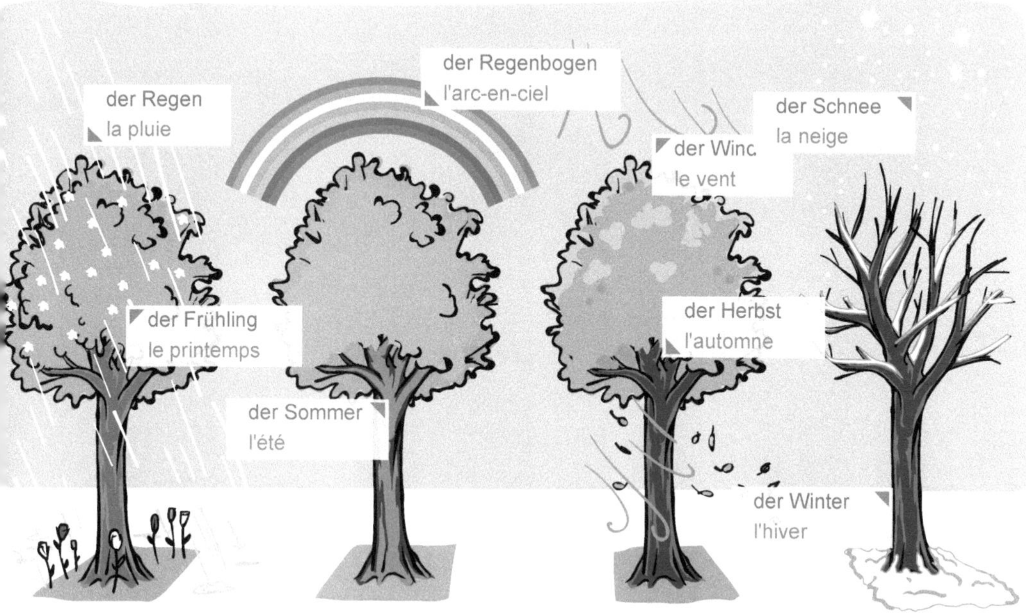

die Wettervorhersage
la météo

das Thermometer
le thermomètre

der Sonnenschein
la lumière du soleil

die Wolke
le nuage

der Nebel
le brouillard

die Luftfeuchtigkeit
l'humidité

der Blitz

la foudre

der Donner

la tonnerre

der Sturm

la tempête

der Hagel

la grêle

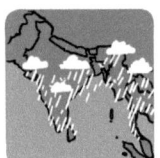

der Monsun

la mousson

die Flut

l'inondation

das Eis

la glace

der Jänner

janvier

der Februar

février

der März

mars

der April

avril

der Mai

mai

der Juni

juin

der Juli

juillet

der August

août

das Jahr - l'année

der September
....
septembre

der Oktober
....
octobre

der November
....
novembre

der Dezember
....
décembre

die Formen
les formes

der Kreis
....
le cercle

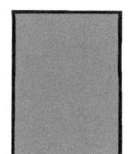

das Quadrat
....
le carré

das Rechteck
....
le rectangle

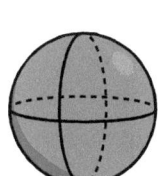

das Dreieck
....
le triangle

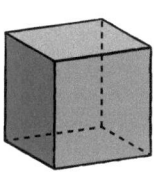

die Kugel
....
la sphère

der Würfel
....
le cube

die Farben

les couleurs

weiß

blanc

gelb

jaune

orange

orange

pink

rose

rot

rouge

lila

violet

blau

bleu

grün

vert

braun

marron

grau

gris

schwarz

noir

viel / wenig

beaucoup / peu

wütend / friedlich

fâché / calme

hübsch / hässlich

joli / laid

der Anfang / das Ende

le début / la fin

groß / klein

grand / petit

hell / dunkel

clair / obscure

der Bruder / die Schwester

frère / soeur

sauber / schmutzig

propre / sale

vollständig / unvollständig

complet / incomplet

der Tag / die Nacht

le jour / la nuit

tot / lebendig

mort / vivant

breit / schmal

large / étroit

genießbar / ungenießbar

comestible / incomestible

böse / freundlich

méchant / gentil

aufgeregt / gelangweilt

excité / ennuyé

dick / dünn

gros / mince

zuerst / zuletzt

le premier / le dernier

der Freund / der Feind

l'ami / l'ennemi

voll / leer

plein / vide

hart / weich

dur / souple

schwer / leicht

lourd / léger

der Hunger / der Durst

faim / soif

krank / gesund

malade / sain

illegal / legal

illégal / légal

gescheit / dumm

intelligent / stupide

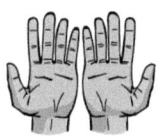

links / rechts

gauche / droite

nah / fern

proche / loin

neu / gebraucht
nouveau / usé

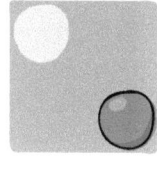

nichts / etwas
rien / quelque chose

alt / jung
vieux / jeune

an / aus
marche / arrêt

offen / geschlossen
ouvert / fermé

leise / laut
faible / fort

reich / arm
riche / pauvre

richtig / falsch
correct / incorrect

rau / glatt
rugueux / lisse

traurig / glücklich
triste / heureux

kurz / lang
court / long

langsam / schnell
lent / rapide

nass / trocken
mouillé / sec

warm / kühl
chaud / froid

der Krieg / der Frieden
la guerre / la paix

die Zahlen
les nombres

0

null

zéro

1

eins

un / une

2

zwei

deux

3

drei

trois

4

vier

quatre

5

fünf

cinq

6

sechs

six

7

sieben

sept

8

acht

huit

9

neun

neuf

10

zehn

dix

11

elf

onze

12

zwölf

douze

13

dreizehn

treize

14

vierzehn

quatorze

15

fünfzehn

quinze

16

sechzehn

seize

17

siebzehn

dix-sept

18

achtzehn

dix-huit

19

neunzehn

dix-neuf

20

zwanzig

vingt

100

hundert

cent

1.000

tausend

mille

1.000.000

Million

le million

Englisch

l'anglais

Amerikanisches Englisch

l'anglais américain

Chinesisch (Mandarin)

le chinois mandarin

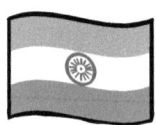

Hindi

le hindi

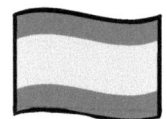

Spanisch

l'espagnol

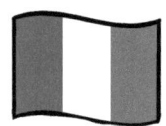

Französisch

le français

Arabisch

l'arabe

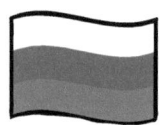

Russisch

le russe

Portugiesisch

le portugais

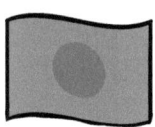

Bengalisch

le bengali

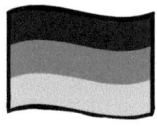

Deutsch

l'allemand

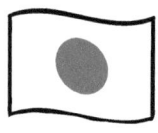

Japanisch

le japonais

ich

je

du

tu

er / sie / es

il / elle / ce, c', cela

wir

nous

ihr

vous

sie

ils / elles

Wer?

Qui ?

Was?

Quoi ?

Wie?

Comment ?

Wo?

Où ?

Wann?

Quand ?

Name

le nom

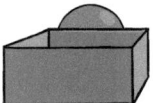

hinter

derrière

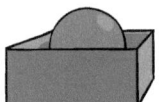

in

dans

vor

devant

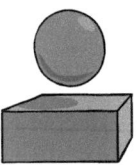

über

au-dessus

auf

sur

unter

en-dessous

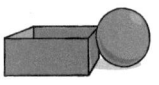

neben

à côté de

zwischen

entre

der Ort

le lieu